長浜金梅展

梅を楽しむ

音羽山清水寺　貫主　森　清範

長浜盆梅展は長い間、憧《あこが》れでした。百花に先駆け咲く梅が大好きで、若い頃から一度訪ねたいと願ってきたからです。やっとその決断を促したのは、三十年ほど前、『大鏡《おおかがみ》』にある鶯宿梅《おうしゅくばい》のエピソードを知ったことによります。紀貫之の娘の庭にある梅の名木が村上天皇の勅命で御所に移されることになった時、娘は梅の枝に一首の歌をとどめました。

勅《ちょく》なればいともかしこし鶯《うぐひす》の
宿《やど》はと問はばいかが答へむ

この歌を見た天皇は心を動かされ、梅を元の庭に戻しました。何と風雅な梅、これは是非長浜に行こうとご縁ができ、盆梅の魅力に惹《ひ》かれ、毎年行くことになりました。二、三度通う年もありました。その頃から梅の絵を描きたいという思いにかられ、四君子《しくんし》を習い始めました。盆梅展に通ううち長浜観光協会の岸本一郎会長とも親しくなり、平成二十二年には盆梅の名品三鉢に名付けさせていただくと同時に「慶梅《けいばい》」の書を揮毫《きごう》いたしました。

梅は中国原産の木ですが、万葉集に早くも百首以上も詠まれ愛されています。その魅力は香り。「色よりも香こそあはれと思ほゆれ」と古歌にありますが、慶雲館に一歩足を踏み入れました時の印象は、まさに時空を超えた先祖が伝える古香そのものであります。

私の命名の一つ、樹齢百二十年の一重白梅は「清音《せいいん》」としました。これは音羽山清水寺、そして本尊観音さまにちなみました。聞香といいますように香りは聞くのです。香と音とは通じ合います。白梅の清浄無垢《しょうじょうむく》な姿は観音さまの心であり、香りは観音さまの大慈大悲心の現れです。そのような梅を観ますことは観音さまの心をいただく思いがいたします。

長浜盆梅展は戦後早々に始められ、敗戦で荒んだ多くの人々に、日本の文化や自然を貴ぶ心を伝えて癒してきました。それにしても古木の梅を育て展覧に供する裏方の苦労は計り知れないと思います。毎年観させていただきながら、その労苦が偲ばれることです。

目次

長浜盆梅展
その魅力に迫る

不老

ふろう

荘厳な姿は不老長寿を感じさせる。長浜盆梅展で最も歳を重ねる盆梅。

品種／杏性《あんずしょう》 緋《ひ》の袴《はかま》
色、花の種類／八重紅梅
樹齢／伝四〇〇年
高さ／約二四〇cm　**直径**／約六〇cm

昇竜梅

しょうりゅうばい

天に昇る竜を連想させる形から命名。第一回長浜盆梅展から登場している古参。

品種／野梅性《やばいしょう》 一重野梅《ひとえやばい》
色、花の種類／一重白梅
樹齢／伝二五〇年
高さ／約一九五㎝ **直径**／約二〇㎝

さざれ岩

長浜盆梅展で一番の高さを誇り、不老とともに盆梅展の双璧を成している。「千代に八千代にさざれ石の巌となりて…」の歌詞のような老木。千代の苔と並んで展示している。

品種／豊後性《ぶんごしょう》 江南《こうなん》
色、花の種類／八重咲き薄桃色
樹齢／伝三五〇年　**高さ**／約二七五cm　**直径**／約五五cm

盆梅展こぼれ話

盆梅と高山七蔵

若い頃から養蚕業を営む

春、湖北の野から東を望むと、伊吹山の北に雪を抱いた双耳峰の山が見える。県下第二の高峰金糞岳《かなくそだけ》である。伊吹山が春の装いになっても、この山には雪が残っていることが多い。雪深い山ゆえに、金糞岳を源とする草野川は水が豊かだ。草野川の上流にある地域を上草野という。盆梅は、その最奥の村である高山（現長浜市高山町）で生まれた。

大正時代が始まった頃の話である。高山に住む高山七蔵は、若い頃から規模の大きな養蚕業を営み、初夏の繁忙期には、遠く岐阜から何人もの人を雇ったという村随一の農家だった。農業以外にも、新たな事業を興すことに熱心で、それは趣味の分野でも同じだった。大きな梅を鉢植えにして楽しむという、独創的ともいえる趣味に生涯をかけたのである。

高山七蔵

金糞岳の山中に、夫婦滝という清流の流れ落ちる滝がある。高山から山道を歩いて一時間ほどの所にある。七蔵の家は、代々、夫婦滝の下流に広がる滝谷《たきだに》と呼ばれる地に山林と畑を持っていた。

四十年近く育てた盆梅を寄付

当時、山や畑には必ず梅の木が植えられた。梅干が、外での仕事に欠かせない保存食だったからだ。毎年、七蔵は滝谷に入って枝振りの良い梅の古木を掘り起こし、荷車やモッコで運んで家へ持ち帰った。それらを大きな鉢に植え、丹精込めて世話をしたのである。

高山七蔵が寄付した盆梅

春になると、七蔵はそのようにして数十鉢にまで増えた盆梅を家の玄関の両側に並べて楽しんだ。その作業は、たくさんの人を雇っての大がかりなものだったという。そして花の見ごろになると、多くの人たちの観覧に供した。風流な傑物だったといえよう。戦前には上草野村の村長を務め、戦後は浅井町の議会議員を務めている。

戦後の昭和二十六年、七蔵は四十年近くにわたって育てた盆梅四十鉢を長

金糞岳と草野川

浜市へ寄付する。七蔵六十六歳のときである。当時の寺本太十郎長浜市長の懇請に応えたものだが、すべての鉢を寄付するといったところも、七蔵の潔い性格を表している。

寄付後も盆梅育成を指導

寄付を受けた翌昭和二十七年の早春、慶雲館で盆梅展が始められた。湖北の春にふさわしい魅力のある催しは、多くの観光関係者を喜ばせた。しかし梅は生きものである。水や肥料やりだけでなく、剪定《せんてい》や植え替えなど日常の世話が欠かせない。七蔵は、長浜市へ寄付した後も、長浜のまちに泊まり込み、盆梅育成の指導をすることがたびたびだったという。

高山では、七蔵の妹ことめの嫁ぎ先である高山重左宅でも盆梅を育てた。七蔵の影響があったのだろう。重左夫婦も長年にわたって盆梅を育て、平成元年には長浜市へ五十鉢ほどの盆梅を寄付している。さらに最近では、平成十九年、重左の長男重彦氏が五十四鉢の盆梅を長浜市へ寄付された。

七蔵は、晩年、長男の住む京都に移り住み、昭和四十一年に京都で亡くなっている。享年八十二だった。その七年後、村の人たちによって、生家の近くに七蔵を記念する公園が生まれている。「七蔵公園」と名づけられた小さな公園である。

盆梅という言葉は、春の季語になっている。昔から梅盆栽として親しまれてきたのだろうが、人の背丈を越すほどの鉢植えの梅の世界、今日の盆梅は、高山七蔵が始めたものに違いない。

高山七蔵の生家

長浜市高山町にある七蔵公園

高山

たかやま

大きさや樹齢など長浜を代表する盆梅であることから、長浜盆梅生みの親、高山七蔵に因んで命名。不老とともに最長老。

品種／杏性《あんずしょう》 千歳菊《ちとせぎく》
色、花の種類／八重紅梅
樹齢／伝四〇〇年　**高さ**／約二四〇cm　**直径**／約四〇cm

千代の苔

ちよのこけ

「千代に八千代にさざれ石の巌となりて…」の歌詞のような老木。さざれ岩と並んで展示している。

品種／野梅性《やばいしょう》一重野梅《ひとえやばい》
色、花の種類／一重白梅
樹齢／伝二〇〇年 **高さ**／約二一五cm **直径**／約二五cm

比夜叉

ひやしゃ

米原市池下で育った梅の木で、同地の三島池に伝わる比夜叉姫伝説に因んで寄贈者が命名。枯れ朽ちた幹と花の可憐さが魅力。

品種／実梅 白加賀《しらかが》
色、花の種類／一重白梅
樹齢／伝二五〇年 **高さ**／約二三五㎝ **直径**／約三〇㎝

慶雲

けいうん

会場である慶雲館に因んで命名。吉兆を表す雲をイメージさせる。

品種／野梅性《やばいしょう》　一重野梅《ひとえやばい》
色、花の種類／一重白梅
樹齢／伝二〇〇年　高さ／約二三〇cm　直径／約三〇cm

雛紗《ひなさ》

薄桃色に咲く花と、白い幹が絹をまとった姿に見えることから、お雛様をイメージし命名。

品種／実梅
色、花の種類／一重薄桃色
樹齢／伝一五〇年
高さ／約二一〇cm
直径／約四〇cm

華神楽

はなかぐら

天女が冠を戴き、舞っている姿を想像させるところから命名。

品種／杏性《あんずしょう》 千歳菊《ちとせぎく》
色、花の種類／八重紅梅
樹齢／伝一五〇年
高さ／約二〇〇cm
直径／約二〇cm

蓬莱《ほうらい》

仙人が住むという霊山、蓬莱から命名。その樹形は、不老長寿を感じさせる。

品種／実梅
色、花の種類／一重白梅
樹齢／伝一五〇年　**高さ**／約一九〇cm　**直径**／約二〇cm

彩雲

さいうん

薄桃色の花が吉兆を表す雲をイメージするところから命名。

品種／実梅　一重《ひとえ》豊後《ぶんご》
色、花の種類／一重薄桃色
樹齢／伝一五〇年　**高さ**／約二三〇㎝　**直径**／約四五㎝

盆梅展こぼれ話

慶雲館と浅見又蔵

伊藤博文が「慶雲館」と命名

慶雲館は、明治二十年（一八八七）二月の明治天皇京都行幸に際し、長浜での休憩所として建てられたものである。長浜の豪商浅見又蔵は、前年の秋に天皇が東京への帰途、長浜を通られるという情報を得る。そこで、琵琶湖の畔にある自らの土地に、天皇の休憩所を建てることを思い立つ。

浅見又蔵

明治十九年（一八八六）、明治天皇の誕生日である十一月三日に起工。行幸の当日である二月二十一日の朝に仕上がるという慌ただしさだった。建設費は約一万円。木材は吟味された尾州（愛知県）産の檜などを使った。北側に入母屋造り妻入りの玄関を設け、庭園に面した南と西面に銅板葺の庇を巡らせた。大屋根は寄棟造りである。当時の総理大臣伊藤博文が「慶雲館」と命名したと伝わる。

現在、慶雲館の向かいに、現存する日本最古の鉄道駅舎である旧長浜駅舎が建っている。明治十五年（一八八二）に敦賀港と琵琶湖を鉄道で結ぶために建設されたもので、当時、長浜から南へは琵琶湖の船運を利用した。

明治天皇が二階の玉座で昼食

当日の朝、京都御所を発った天皇と皇后は、京都駅から汽車に乗って大津へ向かい、鉄道連絡船に乗り換えて、午後一時頃長浜港に到着。港の東側にある慶雲館に入られた。港と駅舎と慶

琵琶湖から慶雲館を望む

雲館のあいだには、T字型の板葺の渡り廊下がつくられ、柱には真っ白な縮緬の布を巻いて飾ったという。廊下の両側には、長浜小学校の児童が整列をして奉迎した。

天皇と皇后は玄関を入り、二階の玉座で昼食を召し上がった。二階は三方にガラス戸がはめられ、西と南に琵琶湖、東に伊吹山が望める。金箔の襖絵や細い木桟《もくさん》を組み込んだ筬欄間《おさらんま》、梅の花をかたどった照明器具など、天皇をお迎えするためのこだわりの演出が施されている。残念なことに、慶雲館での休憩時間は、わずか一時間ほど。向かいの長浜駅から、午後二時五分発のお召し列車に乗って名古屋方面に向かわれた。

その後、慶雲館は浅見又蔵の別邸として利用された。天皇行幸の二十五年後、明治四十五年（一九一二）に二代目の浅見又蔵によって、現在の庭園が整備されている。そして、昭和十一年（一九三六）に当時の長浜町へ寄付された。

県下初の小学校・銀行を開設

浅見又蔵は、天保十年（一八三九）に長浜町宮町（現長浜市大宮町）にあった薬種商若森家の三男として生まれた。十二歳で京都の呉服商へ見習い奉公に行った後、二十二歳のときに浅見家の養子になっている。浅見家は、現在の長浜市曳山博物館の敷地の一角にあった。家業の縮緬《ちりめん》製造に熱心で、縮緬の取引などで財を成した。東京上野で開かれた第一回内国勧業博覧会やアメリカの万国博覧会などに浜縮緬を出品している。

明治初期、長浜町では滋賀県下で初めての小学校が開設され、県下で初めての国立銀行が設立されている。これらの発起人となり、資金を提供した有志の一人が浅見又蔵である。また、長浜―関ヶ原間の私設鉄道の計画、長浜港の修築、湖を周航する太湖《たいこ》汽船会社の運営なども手がけている。

明治三十一年（一八九八）に長浜町長に就任。在任中に長浜小学校の移転を計画し、建設費の多くを寄付している。日本赤十字社の前身である博愛社にも、毎年多額の寄付を行い特別社員になっている。また、道路や橋、庁舎、学校、警察署など、さまざまな公共施設の建設にも寄付を重ねた。

明治三十三年（一九〇〇）、町長就任の二年後にインフルエンザをこじらせて亡くなっている。享年六十二だった。

慶雲館の向かいに建つ旧長浜駅舎

盆梅展の会場 慶雲館

本館

本館は、明治二十年（一八八七）に建てられた木造二階建の大規模な和風建築である。地元の宮大工、平山久左衛門によって建てられた。明治天皇行幸の際の休憩所となったが、それ以後は浅見又蔵の別邸として使われ、政府高官や皇族などを迎えることもあったという。昭和十一年（一九三六）に長浜町に寄贈され、町の会議場になった。昭和十八年（一九四三）、市制が施行されて初めての市議会も、この建物の二階で開かれている。昭和三十四年（一九五九）からは、市営の結婚式場にも使われた。

大屋根は寄棟造で、昭和四十年代まで琵琶湖に面していた。南面と西面に銅板葺の庇を巡らし、北面に入母屋造妻入の玄関をつける。全体に書院造を基調とし、一階に三間続きとなった座敷と付属室を設け、庭園に面して広い縁側をまわしている。二階は庭園側に大広間を取り、奥の八畳の上段部分に椅子を置いて玉座としている。

柱などの材は、建物の規模に比べてそれほど太いものはないが、尾州産の檜など吟味された良材を用いている。

意匠は、全体に簡明ですっきりとしている。二階の大広間には、金箔の襖絵や筬欄間《おさらんま》、梅の形をした照明器具が設けられ、琵琶湖を見渡せるように、南西面にぐるりとガラス戸がはめられ、明るい印象を与える。

表門

表門は、平成十二年に現在の形に改修されている。もとは東面に大きな長屋門があり、管理人の住まいや倉などに充てられていたが、その一部を移築して表門とした。

横綱像

角聖と尊称された明治の大横綱常陸《ひたち》山《やま》谷右衛門の石像。名前の通り常陸国（茨城県）の出身だが、浅見又蔵が谷町として贔屓にしていた。慶雲館にはライバルの横綱梅ヶ谷とともに何度も訪れ、その写真も残っている。

大灯籠

正門を入るとすぐ右側に、自然石の巨大な灯籠が目に入る。

高さ約五m、推定重量は約二〇t。慶雲館には幾多の巨石があるが、ほとんど大津市（旧志賀町）から琵琶湖上を船で運ばれたと伝えられている。

芭蕉の句碑

蓬莱にきかはや伊勢の初たより　はせを

「はせを」は松尾芭蕉のことで、世を去る元禄七年（一六九四）の正月に江戸で詠まれた。

蓬莱は、神仙が住み不老不死の伝説がある蓬莱山になぞらえた正月飾りのこと。句の意味は、めでたい蓬莱飾りを眺めていると伊勢からの初便りが聞こえてくるようだ、と解されている。

俳人で書家の瀬川露城が揮毫し、明治後期に建てられた。高さ約五m、重量は一〇t。日本最大の芭蕉句碑。

長浜領朱印地石柱

長浜の町は、天正十九年（一五九一）に豊臣秀吉により町屋敷三百石の年貢を免除された。その特権は江戸時代も変わらず継続された。慶雲館の庭に二本ある石柱は、いずれも「従是西長濱領」と刻まれており、町の東の境界にあったものを移設した。

慶雲館碑

浅見又蔵が亡くなった翌年の明治三十四年（一九〇一）、又蔵を顕彰する意味をこめて建てられた。しかし、明治四十二年（一九〇九）の姉川地震で倒壊。明治四十五年（一九一二）に、行幸二十五周年を記念して再建された。

茶室

本館とともに明治二十年に建てられ、恵露庵《けいろあん》と名づけられている。片入母屋造、桟瓦葺で、もとは典型的な四畳半の茶室だったが、平成十二年に十畳余に改修された。材はいたって細く、全体に簡素な造りとなっている。

玉座

明治天皇ご夫妻の休憩所として建設された本館は、尾州産総檜の書院造りで、二階には両陛下を迎えるために「玉座の間」が設けられた。

梅型の電灯

本館二階の照明器具は梅の花を象っている。明治とは思えないハイカラなデザインである。

座禅石

一燈園生活創始者で近代日本の求道者といわれる長浜市名誉市民第一号、西田天香（一八七二〜一九六八）の座禅石。天香は、霊覚後の新生活のはじめ、この石の上で座禅したという。

舟入り

昭和四十年代初めまでは、慶雲館のすぐ西側に長浜港があり、茶室横の石垣を下りると、琵琶湖へ出られた。

鶴舞

かくぶ

鶴が舞っているような姿から命名。

品種／実梅 白加賀《しらかが》
色、花の種類／一重白梅
樹齢／伝一五〇年 **高さ**／約二四五㎝ **直径**／約三〇㎝

麗仙

れいせん

麗人が天に昇っていくような様から命名。空洞になった幹がよりいっそう古さを感じさせる。

品種／野梅性《やばいしょう》 梓弓《あずさゆみ》
色、花の種類／一重薄桃色
樹齢／伝二〇〇年　高さ／約二五〇cm　直径／約五〇cm

清幽

せいゆう

世俗を離れ、清らかで静かなことを意味する。
盆梅の寄贈者がその姿を想像し命名。

品種／野梅性《やばいしょう》 一重野梅《ひとえやばい》
色、花の種類／一重白梅
樹齢／伝一五〇〇年 **高さ**／約一六五cm **直径**／約四〇cm

鳳翼《ほうよく》

中国神話の霊鳥、鳳凰の姿から命名。

品種／実梅
色、花の種類／一重白梅
樹齢／伝一五〇年　高さ／約一九五㎝　直径／約三〇㎝

紅霖

こうりん

霖は春の長雨を意味し、そのイメージから命名。長浜盆梅展で最も大きい枝垂れ紅梅。

品種／野梅性《やばいしょう》 呉服枝垂《くれはしだ》れ
色、花の種類／八重咲き枝垂れ薄桃色
樹齢／伝八〇〇年 **高さ**／約二八〇cm **直径**／約四〇〇cm

翔鶴《しょうかく》

大空へ飛び立つ鶴の姿から命名。

品種／実梅

色、花の種類／一重白梅

樹齢／伝二五〇年　**高さ**／約二一五cm　**直径**／約四〇cm

妙照

みょうしょう

大きく横に流れる枝振りが、女性の姿を思い浮かべさせてくれるところから命名。

品種／実梅 白加賀《しらかが》
色、花の種類／一重白梅
樹齢／伝一五〇年 **高さ**／約二〇〇cm **直径**／約四〇cm

花音

かのん

春の足音が聞こえてくるような美しさが特徴。その姿は、霊峰富士を思い浮かべさせる。(平成二十七年現在養成中で、復活が待望されている。)

品種／野梅性《やばいしょう》 八重野梅《やえやばい》
色、花の種類／八重白梅
樹齢／伝一〇〇年　**高さ**／約二〇〇cm　**直径**／約二五cm

盆梅展こぼれ話

慶雲館庭園と小川治兵衛

作庭は近代庭園の先覚者

慶雲館の庭園は、明治四十五年（一九一二）に天皇行幸二十五周年を記念して、二代目浅見又蔵によって整備された。庭を手がけたのは、京都の植治こと七代目小川治兵衛と長男の保太郎（号を白楊と称す）である。

植治とは、造園業を営む小川家の屋号であり、その当主は代々治兵衛を名乗った。

南禅寺の参道脇にある無鄰菴《むりんあん》庭園は、彼の本格的なデビュー作であり、近代日本庭園のさきがけとなった庭として名高い。

七代目　小川治兵衛

無鄰菴は、明治二十七年（一八九四）から明治二十九年にかけ元老山縣有朋の別荘として整備された。琵琶湖疏水の水を庭園に取り入れ、その流れの前の広場に芝生を敷きつめ、借景に背後の東山を利用した。

行幸25年（明治45年）慶雲館建碑式当日の写真

無鄰菴の庭は、それまでの日本庭園にはない開放感あふれるものとなった。その後、小川治兵衛は南禅寺界隈にある多くの名園を手がける。無鄰菴の作庭中に手がけた平安神宮神苑をはじめ、對龍山荘庭園、清風荘庭園、円山公園などで、いずれも国の名勝に指定されている。

芝生の広場と杉苔の築山が広がる

慶雲館の庭も、小川治兵衛の作庭の特徴をよく表している。庭園は、大きく本館の南と北に分かれている。本館の南に広がる主庭は、東西の池へ流れ込む石垣と築山からなる回遊式の庭である。ただし池に水はない。池の東部の滝に見立てた立石をはじめ、護岸や石橋に大ぶりの石を多用し、庭の各所にも大石や大きな灯籠、十三重塔など

本館の南側に広がる主庭

の石造添景物を配している。これらの石は、琵琶湖西岸の小松や湖北の尾上などから湖上を運んできたものと思われる。

本館と流れの間には、開放感のある芝生広場が広がり、築山の青々としたスギゴケが美しい。そして背後には琵琶湖が広がっている。

二階からの眺望を意識していた庭である。往時は、庭園の背景に、広大な琵琶湖が広がっていたのである。

本館の西には茶室があり、その周辺は小さな石灯籠や蹲踞《つくばい》が置かれるなど、露地風のあしらいになっている。茶室の西側には、琵琶湖に舟をこぎ出す船着きが造られ、湖へ下りる石段が付けられている。

植治の庭を復元し国の名勝に

本館の北にあたる表門から中門の間の庭は、鬱蒼とした木々のなかをたどる。敷地の周囲にモミジやシイノキ、クスノキなどの高木を配し、ツバキやマキなどの中木を手前に、石の間にサツキを中心にした低木を植えている。

表門を入ると、ゆるやかに曲がる白川砂の撒かれたアプローチが中門まで続いている。その間に、主庭と同じように大石や大型の灯籠が景物として置かれている。中門の手前に、渓流が横切り、そこに架かる橋を渡って檜皮葺の中門をくぐる。

中門を抜けると、正面に本館が現れる。右手に恵露庵《けいろあん》と彫られた額の架かる庭門があり、そこを抜けて飛び石伝いに茶室へ行ける。また、南側の主庭へもまわれるようになっている。庭門の右奥には、大きな石碑が立っている。浅見又蔵の事績を記した碑で、又蔵が亡くなった翌年、明治三十四年（一九〇一）に建てられたものである。

長浜市では、慶雲館の庭を作庭当時の美しさによみがえらせようと、平成十二年に庭園整備基本計画を策定し、順次、復元整備を行ってきた。整備に当たっては、小川治兵衛研究の第一人者である尼﨑博正氏の指導を受け、発掘による文化財調査などもふまえながら、ていねいに植治の庭を復元させてきた。そのような努力が認められ、平成十八年一月に国の名勝に指定されている。

春望

しゅんぼう

一足早い春を感じさせることから命名。力強く立ち上がった幹と小枝の豊かさに梅の生命力を感じる。

品種／野梅性　一重野梅
色、花の種類／一重白梅
樹齢／伝一〇〇年　**高さ**／約一七五cm　**直径**／約三五cm

仙客

せんかく

不老不死の術を持つといわれる仙人にたとえ命名。枯れ朽ちた幹から瑞々しい花を咲かせる姿は、不老長寿を感じさせる。

品種／野梅性《やばいしょう》 玉簾《たますだれ》
色、花の種類／八重咲き薄桃色
樹齢／伝一〇〇年 **高さ**／約一三五cm **直径**／約二五cm

隼

はやぶさ

その佇まいが、めでたいことの前兆とも感じられるため、瑞兆を表す中国のことわざ「雀、隼を生む」から命名。

品種／実梅 白加賀
色、花の種類／一重白梅
樹齢／伝一五〇年　**高さ**／約一六〇cm　**直径**／約三五cm

夢響《ゆめひびき》

夢の中でここち良い音色を奏でているイメージから命名。

品種／実梅 白加賀
色、花の種類／一重白梅
樹齢／伝一〇〇年　**高さ**／約二二〇cm　**直径**／約五〇cm

華冠

はなかんむり

美しい冠をイメージすることから命名。幹肌に苔がのり、年代の古さをよりいっそう感じさせる。

品種／青軸性《おあじくしょう》 月影《つきかげ》
色、花の種類／一重咲き青白色
樹齢／伝八〇年　**高さ**／約一〇〇㎝　**直径**／約三〇㎝

比翼

ひよく

白居易《はくきょい》の長恨歌《ちょうごんか》に「天に在りては願わくは比翼の鳥となり、地に在りては願わくは連理の枝とならん」という一節がある。比翼とは雌雄それぞれ目と翼が一つずつで常に一体となって飛ぶ想像上の鳥。二本の幹が仲良く寄り添いながら伸びる様から命名。

品種／野梅性　一重野梅
色、花の種類／一重白梅
樹齢／伝一〇〇年　**高さ**／約一四〇cm　**直径**／約三五cm

ゆかりの人々が名付けた盆梅

清麗《せいれい》

清らかに流れるような美しさから命名。

品種／豊後性《ぶんごしょう》 藤牡丹枝垂《ふじぼたんしだ》れ
色、花の種類／八重咲き枝垂れ薄桃色
樹齢／伝四〇年 **高さ**／約一四〇cm **直径**／約一五cm

魁健《かいけん》

先頭に立ち、力強く堂々と歩く姿から命名。

品種／野梅性 一重野梅
色、花の種類／一重白梅
樹齢／伝一〇〇年 **高さ**／約二二〇cm **直径**／約二五cm

華婉《かえん》

しなやかで角張らない美しさから命名。

品種／野梅性　一重野梅
色、花の種類／一重白梅
樹齢／伝八〇年　**高さ**／約一九〇㎝　**直径**／約二〇㎝

仁寿《じんじゅ》

論語の「知者楽、仁者寿（知者は人生を楽しみ、仁者は長生きする）」から命名。

品種／実梅
色、花の種類／一重白梅
樹齢／伝一五〇年　**高さ**／約一三〇㎝　**直径**／約三五㎝

平成二十一年一月二十八日に命名

小川流煎茶六代目家元

小川後楽

茶人。京都造形芸術大学教授、同大学理事を兼任、また関西学院大学非常勤講師、仏教大学客員教授としても教壇に立つ。専門は日本文化論、伝統芸能史。喫茶文化のルーツへの強い関心から、中国各地の名茶及び、茶の文化・歴史等の現地調査を重ねる。中国の歴史、とりわけ中国喫茶史に造詣が深く、日中の喫茶史を、新聞・雑誌・テレビ・ラジオ・講演等で紹介。数奇屋造り研究などでも慶雲館と関係をもつ。

平成二十二年二月五日に命名

音羽山清水寺貫主

森 清範

僧侶。昭和30年、当時の清水寺貫主・大西良慶和上のもと得度・入寺。昭和38年、八幡市円福寺専門道場に掛塔（雲水修業）後、清水寺・真福寺住職に就任。昭和54年、清水寺法務部長、昭和63年4月、清水寺貫主、北法相宗管長就任。長浜盆梅展の愛好者である。ご夫婦で盆梅展を鑑賞の後は、長浜名物「鴨すき」を食すことを楽しみにされている。

瑞光《ずいこう》

一つひとつの花が、光り輝くように見えることから命名。

品種／杏性《あんずしょう》 千歳菊《ちとせぎく》
色、花の種類／八重紅梅
樹齢／伝二五〇年
高さ／約二一〇cm　**直径**／約六〇cm

煌春《こうしゅん》

梅は百花に先駆け、春一番に煌めく花を咲かせることから命名。

品種／実梅
色、花の種類／一重白梅
樹齢／伝一五〇年
高さ／約一九五cm　**直径**／約四〇cm

清音《せいいん》

「音羽山清水寺」から命名。音には「香る」「観る」の意があり、梅が香り、梅を観ることの意もある。

品種／実梅
色、花の種類／一重白梅
樹齢／伝一二〇年
高さ／約一六〇cm　**直径**／約一五cm

流水《りゅうすい》

水が流れるような柔らかな枝振りから命名。

品種／緋梅性《ひばいしょう》 小輪緋梅《しょうりんひばい》
色、花の種類／一重紅梅
樹齢／伝六〇年
高さ／約六〇cm　直径／約一五cm

平成二十三年二月三日に命名

書家
菊池錦子

長浜の地を舞台にした大河ドラマ「江～姫たちの戦国～」の題字を揮毫

書家。青森県弘前市出身。6歳から書を始める。個展で作品を発表しているほか、自身の書と写真で綴った「ゆりかごII」を出版。NHK大河ドラマ「篤姫」、「江～姫たちの戦国～」の題字をはじめ、様々な映像・イベントなどのタイトルや社名、商品名など多方面にわたって筆文字のロゴを手がけている。

平成二十四年二月十日に命名

筑前琵琶演奏家

上原まり

竹生島へ奉納演奏

筑前琵琶演奏家。元宝塚歌劇団娘役トップ。
琵琶語りの代表作として「平家物語」、小泉八雲の「雪女」「耳なし芳一」、また瀬戸内寂聴現代語訳・水原央構成による「源氏物語」シリーズがある。

幽艶　ゆうえん

奥深く華やかな美しさがあって、かわいいけれど妖しげな魅力があることから命名。

品種／豊後性《ぶんごしょう》 藤牡丹枝垂れ《ふじぼたんしだれ》
色、花の種類／八重咲き薄桃色
樹齢／伝五〇年　**高さ**／約七〇cm　**直径**／約一〇cm

連理　れんり

太い幹からたくさんの枝が出ており、白居易の長恨歌「在地願爲連理枝（地に在りては願わくは連理の枝とならん）」から命名。

品種／野梅性 一重野梅
色、花の種類／一重白梅
樹齢／伝八〇年　**高さ**／約一三〇cm　**直径**／約三〇cm

芳紀《ほうき》

「芳紀」とは女性の最も美しい年頃。樹齢一〇〇年を迎えた盆梅が、芳香を放ち花を初々しく咲かせる姿から命名。

品種／野梅性 一重野梅
色、花の種類／一重咲き薄桃色
樹齢／伝一〇〇年
高さ／約二二五cm
直径／約四〇cm

平成二十五年二月三日に命名

俳人
黛まどか

長浜市の花「梅」制定記念句会の一句
「ももとせの梅に寄せくる湖《うみ》の声」

俳人。「B面の夏」50句で第40回角川俳句賞奨励賞受賞。『京都の恋』で第2回山本健吉文学賞受賞。現在、「日本再発見塾」呼びかけ人代表、岐阜県大垣市「奥の細道むすびの地記念館」名誉館長、京都橘大学客員教授など、幅広く活躍。

平成二十六年一月十九日に命名

黒田家十六代当主

黒田長髙

大河ドラマ「軍師官兵衛」の主人公である黒田如水公（官兵衛）の末裔で黒田家16代当主。黒田氏は近江源氏で、長浜市木之本町黒田の出身。官兵衛の祖々父の代に備前福岡（岡山県瀬戸内市）に移った。

円清《えんせい》

黒田官兵衛は四十四歳のころ如水《じょすい》円清《えんせい》と号し隠居した。枯れ朽ちたように見える木に瑞々しく咲く花が、官兵衛の生き方と似ていることから命名。

品種／実梅
色、花の種類／一重白梅
樹齢／伝一五〇年　**高さ**／約二一〇cm　**直径**／約三五cm

八重霞《やえがすみ》

幾重にもたちこめる霞をイメージし、幾久しく多くの花を咲かせてほしい思いから命名。

品種／杏性《あんずしょう》 桜梅《さくらばい》
色、花の種類／八重咲き薄桃色
樹齢／伝一五〇年 **高さ**／約一八〇cm **直径**／約四〇cm

平成二十六年二月八日命名

遠州茶道宗家十三世家元・不傳庵

小堀宗実

茶人。昭和54年学習院大学卒業後、桂徳禅院にて禅の修行を積む。
平成12年大徳寺管長福冨《ふくとみ》雪底《せってい》大老師より、「不傳庵《ふでんあん》」「宗実《そうじつ》」の号を授かり、平成13年元旦より、13世家元を継承。「茶の湯を通して心を豊かに」をモットーに国内外において文化交流活動を積極的に行なう。
平成26年自身の活動を描いた茶道ドキュメンタリー映画「父は家元」が公開された。

盆梅の愛で方

梅の魅力は「痩《そう》老《ろう》蕾《らい》希《き》」

梅は花の魁といわれる。どの花にも先駆けて早い季節に花が咲く、という意味だ。盆梅展のみならず、梅の人気が高い由縁だろう。

盆梅とは読んで字のごとく梅の盆栽であるが、長浜の盆梅は一般的な盆栽と違い、その大きさに特徴がある。天井すれすれの高さにまで枝が伸び、高いものは三m近くにもなる。植木鉢も直径一mの大きさが一般的で、空っぽの状態でも大人ふたりで持てるかという代物だ。盆栽とは名ばかりで、梅の庭木そのものを豪快に鉢に植えたという方がイメージしやすい。木が大きければ、それだけ年数も経っている。ほとんどが樹齢一〇〇年、二〇〇年の星霜を経た古木である。中には樹齢四〇〇年と伝わるものもある。この大きくて古い梅の盆栽を、慶雲館という純和風の建物のお座敷に展示しているのが、長浜盆梅展である。

梅の魅力をあらわす言葉に「痩《そう》老《ろう》蕾《らい》希《き》」がある。年老いて痩せた木に蕾がポツポツとある様に風情があり、決して桜のように爛漫と咲き揃う姿が魅力ではない、という意味である。だからこそ満開だけでなく、枝振りや根張り、枯れ朽ちた幹、一輪また一輪と蕾が膨らみ、凛と花ひらく姿を味わいたい。

香りも梅の魅力で、木によって少しずつ香りが違う。一般的に、紅梅より白梅の方が強い香りがする。子孫を残すため、紅梅は色、白梅は香りで蜜蜂などを引き寄せるのかもしれない。

掛け軸との調和も見所

長浜盆梅展では、鉢にもこだわっている。信楽焼をはじめ、丹波の立杭焼や愛知の常滑焼、岐阜の美濃焼、時には中国鉢などさまざまな土地の鉢を用いている。また木の大きさや形、咲く花の色、さらには置く場所によって、丸鉢や角鉢、浅鉢や深鉢など多彩な鉢を使い分けている。

美術品ともいうべき盆梅の展示には、調度品にも気を遣っている。水漏れ用の受け皿を省き、床の間の展示では空間を大切にしている。掛け軸には季節感や地域らしさのあるものを、花台にあっては自然木を中心に使い、全体の空間の調和とバランスを求めている。

長浜盆梅展は、床の間や違い棚が設えてある慶雲館との調和の中で展示している様に魅力があり、その風情を愛でることで楽しみも広がる。

盆梅展こぼれ話

菅原道真と長浜

東風《こち》吹かば にほひおこせよ
梅の花 主なしとて 春を忘るな
拾遺和歌集

菅原道真が詠んだ有名な歌である。この歌の影響か、梅といえば菅原道真を思い浮かべる人も多いだろう。全国に道真を祀る神社は数多い。そのほとんどに梅が植わっていたり、神紋に梅が使われている。

日本各地にはいくつかの羽衣伝説がある。中でも日本最古といわれるのが『近江国風土記』に記されている余呉湖（長浜市）を舞台としたもので、天女の産んだ男子が後の菅原道真とされる。道真が勉学に励んだと伝わる菅《かん》山寺《ざんじ》境内の近江天満宮には、今も道真の自作と伝わる像が祀られている。

菅山寺

梅を詠んだ詩と盆梅

慶雲館即事

ぼくもぼくの詩も
長浜の盆梅でありたい
年古《ふる》りて幹枯れ朽ちて
花凛《りん》と色に香《か》に冴《さ》え

壬寅　正月
長浜　客中 作

昭和三十七年（一九六二）一月二十一日に長浜盆梅展を鑑賞し、その夜に長浜市高田町の平田旅館で詠まれた詩。軸は、その後自宅で揮毫された。

堀口《ほりぐち》　大學《だいがく》

明治二十五年、東京生まれ。詩人、歌人、フランス文学者。雅号は十三日月《とみかづき》。訳詩書は三百点を超え、日本の近代詩に大きな影響を与えた。昭和五十六年没。

梅匂ふ
湖北のをみな
美しき

昭和の末期に長浜盆梅展を鑑賞。その夜、料亭「鳥新」で揮毫された。

瀬戸内《せとうち》　寂聴《じゃくちょう》

大正十一年、徳島市生まれ。小説家で、代表作は『夏の終り』、『花に問え』。天台宗の尼僧で僧位は僧正。比叡山延暦寺禅光坊住職。

みづうみの
国の梅こそ
めでたけれ
思ひのままなる
かをりはなちて

平成十五年二月二十一日に長浜盆梅展を鑑賞。一本に紅梅と白梅が咲く品種「思いのまま」を説明したところ、「思いのまま」の言葉を入れ、その場で揮毫された。

田辺《たなべ》　聖子《せいこ》

昭和三年、大阪市生まれ。小説家。昭和三十九年に『感傷旅行』で第五十回芥川賞受賞。平成五年に『ひねくれ一茶』で吉川英治文学賞受賞。

夜明け頃まで
琵琶湖の上に
寒の月さへ
影うつす

昭和三年（一九二八）に民謡「長浜節」（通称 臨湖節《りんこぶし》）を作詞。その後長浜に逗留し、詠んだといわれる。

〈長浜節〉

ここは長浜　湖畔の町よ　臨湖　臨湖　臨湖セント
旅のお方は　ヨイトコ　サッサノ
気晴らしに　臨湖　臨湖　臨湖セント　ヤッサッサノサ

野口《のぐち》　雨情《うじょう》

明治十五年、茨城県生まれ。詩人、童謡・民謡作詞家。「七つの子」、「赤い靴」、「シャボン玉」など多くの名作を残した。昭和二十年没。

紅梅の
鼓の如き
蕾哉

昭和二十一年（一九四六）の雑誌『ホトトギス』に投句した作品。昭和三十年代には長浜で数回句会を開くなど、精力的に活動。平成二年に地元の長浜句会が、鶏二の句碑「湖の国の　山車《だし》は扇に　招き曳く」を、長浜八幡宮の方丈池南側に建立。

橋本《はしもと》　鶏二《けいじ》

明治四十年、三重県伊賀市（旧上野市）生まれ。俳人、エッセイスト。鷹を詠んだ秀句が多いことから「鷹の鶏二」として知られる。平成二年没。

江州の
山々雪や
梅の花

江州は近江国のこと。大正五年（一九一六）の近江への吟行で詠んだ句といわれる。

春泥の
大手に月の
出たりけり

青木《あおき》　月斗《げっと》

明治十二年、大阪市生まれ。俳人。若くして船場の薬種商を継ぐも、俳誌「同人」を主宰し、家業を廃して俳句に専念する。昭和二十四年没。

寒月梅花を照らす
ものすごくさゆる月にもほほえむや
春まつ梅のみさをなるらん

千家《せんげ》　尊福《たかとみ》

弘化二年、出雲大社宮司の家系に生まれ、自身も大宮司を務める。神道大社教管長、元老院議官、貴族院議員などを歴任。大正七年没。

天守閣
湖国の春を
すべてあり

昭和十六年（一九四一）二月の句。湖国は滋賀県のことだが、天守閣の場所は不明。

竹生島　二日の凪《なぎ》に　詣でけり

昭和十五年（一九四〇）一月二日、竹生島に詣でて詠んだ句。

野村《のむら》　泊月《はくげつ》

明治十五年、兵庫県丹波市生まれ。俳人。造り酒屋の次男で、兄の西山泊雲と並び、「丹波二泊」と呼ばれる。高浜虚子に師事。昭和三十六年没。

盆梅管理の一年

長浜の盆梅は約三〇〇鉢。地面に植えられているものを含めれば二〇〇〇本近い。これらを盆梅専門の管理人が一年を通して世話している。その育成管理にはわが子を育てるのと同様、温かい愛情とともに厳しさが求められる。一般の方々が盆梅を目にするのは、一年のうちわずか二ヶ月。しかし、花が咲き終わった瞬間から来年の開催にむけ、一日として欠かせない手入れが始まる。

1 盆梅搬出

盆梅展の終了は、次回の盆梅展のスタートでもある。

今年、お客様に鑑賞された盆梅を、管理圃場へ移す作業から始まる。一鉢ずつ、竹やロープで厳重に補強し、会場外へ運び出すのだが、大きい盆梅は十五人がかりの大仕事である。

2 植え替え

お客様から「盆梅は展示が終わると、畑に戻して管理するのですか?」と聞かれることがある。樹勢が弱くなった木は、地植えにして回復をさせることもあるが、基本的には一年中鉢で管理している。鉢で管理している盆梅も、およそ三年に一度、鉢から出して植え替えを行う。長年同じ土に植えられているると、土が固くなったり、根が長くなり過ぎて水捌《は》けが悪くなるからである。植え替えのタイミングは、盆梅一つひとつの様子を見て判断する。植え替えの際、最も重要な要素が土で、水持ちや水捌け、肥料持ちが良くなければいけない。そのため、材料となる土と砂の配合、砂粒の大小の配合など、十分考慮して植え替えを行っている。

3 移植

植え替え同様、移植も梅の木には大切な作業である。移植は、盆梅デビュー前の地面に植えられている梅の木を、三～五年に一度、地面から掘り起こして、根を縮め、再び地面に植える作業。通常、梅の木は若木でないので盆梅としてデビューするまでに、一〇年から二〇年の歳月を費やして形をつくる。この間、数回にわたり移植が行われる。落葉する十一月末から根の動き出す二月までに行う作業である。

4 剪定

「桜切るバカ、梅切らぬバカ」ともいわれるように、梅は美しい枝ぶりを保つために、剪定《せんてい》が欠かせない。梅の花は、翌年に同じ枝に咲くことはない。咲き終わった後の枝をそのままにしておくと、新芽は出るものの、樹形が崩れる。そのため剪定を行い、形を整えていく。その方法は、枝の根元から花の咲いていたところを二ヶ所ほど残して切る。長浜盆梅展では、展示の終わった盆梅から、順次剪定作業を始める。

5 肥料やり

梅は、肥料を欲しがる植物である。窒素、リン酸、カリウムを配合した肥料を月に一回、四月から六月と九月、十月の合計五回与える。美しい花を咲かせるには、木が十分な力を蓄える必要がある。そのために、一年を通して十分な栄養を与えている。

6 消毒

月に一回の消毒は、病害虫の予防のため欠かすことができない。さらに木の葉を一枚一枚観察し、病害虫を発見すれば殺虫剤や殺菌剤を散布する。

万が一、伝染病などが発生しても、盆梅展の開催に影響しないよう、盆梅は四ヶ所に分けて管理している。

7 水やり

水やりの回数や量、時間帯は季節によって変える。通常朝方におこなうが、夏場は朝と昼の二回、気温の高い時期は葉が焼けるのを防ぐため夕方葉に水を掛けることもある。冬場は二～三日に一度、盆梅の状態を見ながら水を与える。基本的な水やりが最も大切で、かつ難しい作業である。

8 紗掛け

紗《しゃ》掛《が》けとは、ネットを掛ける作業のこと。鉢植えの梅は、四月から五月にかけて遅霜から新芽を守るためにネットを掛ける。また、七月の梅雨明けから九月にかけては、直射日光を避けるため、遮光ネットで葉を保護する。

9 芽摘み

花が咲き終わってから伸びた新しい枝を適当な長さに整える。新芽が約一五cmほど伸びて葉が一〇枚程度ついた箇所で、指で新芽の先を摘む。盆梅の形を概ね整えていく作業である。

10 整姿

盆梅の落葉が終わると同時に、形を整える整姿作業が始まる。不要な枝は切り、形を整え展示に備える。

11 搬入

十二月中旬、いよいよ盆梅を会場に運び入れる。大きいもので高さ三m近く、重さ七五〇kgほどある盆梅を一鉢ずつ搬入するため、三十人余りの大仕事である。鴨居に枝が触れて折れないよう、花芽を落とさないよう細心の注意を払わなければならない。

期間中も開花に合わせ、早咲きから遅咲きまでローテーションで搬出・搬入を繰り返し、展示していく。

⑫ 盆梅展期間中

一月から三月までの開期中は、展示品の水やり、温度・湿度の管理など会場での作業に加え、展示品の入れ替えや咲き終わったものの剪定を行う。

美しい花が咲いて香りが会場に満ち、多くのお客様が盆梅を愛でられるのを見ると、一年の苦労が報われる。

⑬ 古木探し

長浜盆梅展の盆梅を、永く美しく健康に育てあげることもさることながら、盆梅展の新しい顔を探すことも大切な仕事である。わび・さびのある梅の古木・巨木を探し求め東奔西走する。盆梅展のお客様や、近郊の方から「家にある梅を盆梅展で使わないか」と声を掛けていただくことがあると、直接訪問し、梅の木の状態を見る。お譲りいただくことが決まると、掘り起こして管理圃場へ植え込む。

十年後、二十年後の盆梅展が、さらに見応えあるものになり、お客様に喜んでいただけることを願う限りである。

盆梅管理の一年

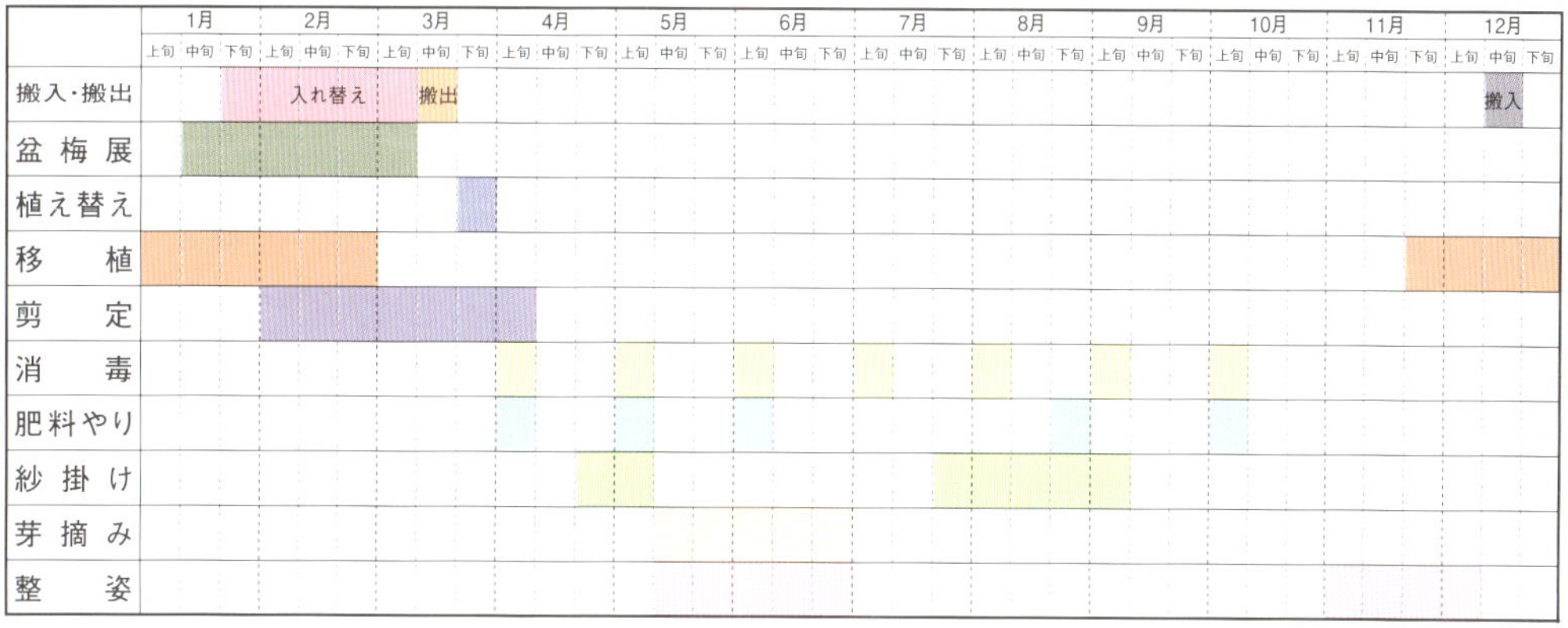

梅の歴史と文化

梅の歴史

梅の原産は中国と言われている。現在では日本を含め韓国、台湾などの東アジアに広く分布している。日本へは奈良時代に遣唐使により伝わったという説が有力である。

梅の語源は諸説あるが、中国語の「梅（マイあるいはメイ）」から転化したと言うのが一般的だ。またムメとも呼ばれ、梅の学名プルームス・ムメはその名残である。

雪の色を奪ひて咲ける梅の花
今盛りなり見む人もが茂《も》
大伴旅人
（巻五―八五〇）

梅は、万葉の人々にとっても思い入れの深い花であったようだ。万葉集に収録されている四五一六首の歌のうち、植物が詠み込まれているのは約一七〇〇首で、萩が最も多く一四一首、梅はそれに次ぐ一一九首を誇る。桜の四七首と比べても、梅がいかに身近なものであったかうかがい知ることができる。

江戸時代以降、花見といえば桜の花を見ることを指すようになったが、奈良時代までは梅の花を見ることが多かったようだ。京都御所の紫宸殿《ししんでん》前の左近の桜と右近の橘も、平安中期までは桜ではなく梅であった。また、清少納言は枕草子の中で「木の花は濃きも薄きも紅梅」と書いている。この時代は白梅よりも紅梅が好まれたようである。

今でも梅は百花に先駆けて咲くことから、花の魁と呼ばれている。また、初《はつ》名草《なぐさ》、春告草《はるつげぐさ》、風待草《かぜまちぐさ》などの異称もある。日々の暮らしの中で自然の移り変わりを大切にし、つぶさに見つめてきた日本人だからこそ、ひとつの花にこれだけ多彩な名前をつけることができたのだろう。

梅の食文化

梅が日本に伝わった当時、実は梅干ではなく、燻蒸させた「烏梅《うばい》」と呼ばれる漢方薬のようなものとして利用されていた。庶民が烏梅を口にすることはなく、宮廷貴族が風邪を治すために、お茶を入れて飲んでいたようである。

鎌倉時代以降は、主に花の観賞用として利用されていたが、室町時代には、実がお菓子の材料にも使われていたという文献が残っている。その後、梅の加工技術が進んだ戦国時代に梅干が生まれ、江戸時代頃から梅酒が作られるようになった。梅は時代とともに身近な食べ物となり、日本の食生活になくてはならないものとなった。

中国では紀元前から酸味料として用いられ、塩とともに最古の調味料だとされている。料理の味加減や物事の様子を意味する「塩梅《あんばい》」は、元々ウメと塩による味付けがうまくいったことを示した言葉である。

梅の種類

梅はバラ科サクラ属スモモ亜属に属している。その種類は国内産で約四〇〇、中国など東アジアでは五〇〇種類近いといわれているが定かではない。江戸時代後半には国内産で二一七種類あったことが文献『梅花集《ばいかしゅう》』（花屋八左衛門編）に載っている。

現在、長浜盆梅展では約二〇〇〇本の梅を管理しているが、種類としては中国産を含め三五六種にのぼる。梅の種類は食用と観賞用、花びらの色や枚数などの組み合わせによって、細かく分類されている。例えば、観賞に優れているのが花梅、実を食するのに適しているのを実梅と呼ぶ。また、一重咲きは花びら五枚で、一般的に梅といえば、この五弁の花を思い浮かべることだろう。八重咲きは花びらが一〇枚、一五枚と概ね五の倍数で増え、多いものでは八〇枚にも及ぶ。梅の中で一番大きい花を咲かせるものは「武蔵野《むさしの》」と呼ばれる種類で、花一輪の大きさが直径五㎝にもなる。変わった種類では、「輪違い《りんちが》」という一本の木に紅色と白色の両方が咲く梅がある。その咲き方も面白く、紅色の花や白色の花もあれば、紅白両方の花びらを持つ花もあり、木の思いのままであることから、別名「思いのまま」ともいう。

梅が日本に伝わって千年以上経つ現在、自然受粉や突然変異などで生まれた新種が接ぎ木や挿し芽といった手法で広がり、日本人好みの花が楽しまれている。

花色の違い

紅梅

野梅性《やばいしょう》 道知辺《みちしるべ》

この梅の木が目印の役割を果たしていたことから、「みちしるべ」と名付けられた。

紅梅

緋梅性《ひばいしょう》 鹿児島紅梅《かごしまこうばい》

紅梅の中で、最も濃い紅色の花を咲かせる。

白梅

野梅性《やばいしょう》 冬至《とうじ》

早咲きで冬至の頃に咲くことから名付けられた。

白梅

青軸性《あおじくしょう》 月影《つきかげ》

青軸性は萼が黄緑色で、蕾の状態でも見分けられる。他にも「月の桂」や「白玉」などの種類がある。

咲き方の違い

八重咲き

野梅性《やばいしょう》 酔心梅《すいしんばい》

心から酔うほどに見事な花を咲かせることから名付けられた。

一重咲き

緋梅性《ひばいしょう》 緋梅《ひばい》

小輪で花びらが離れて咲く種類。盆栽愛好家に好まれる花のひとつ。

枝が垂れる種類

青軸性《あおじくしょう》 緑萼《りょくがく》枝垂《しだ》れ

青白で、上品な花を咲かせる。

紅白に咲き分ける花

野梅性《やばいしょう》 輪違《りんちが》い

一本の木に紅梅や白梅が咲く花。(別名思いのまま)

黄色い梅の花

野梅性《やばいしょう》 黄金梅《おうごんばい》

小輪で花びらが細く、黄色い花を咲かせる。

梅の中で一番大きい花

豊後性《ぶんごしょう》 武蔵野《むさしの》

花一輪の大きさが5㎝程にもなる。

中国の梅

金銭緑萼《きんせんりょくがく》

花びらの数が80枚近くになる貴重品種。

中国の梅

素白台閣《すはくたいかく》

花の中に花が咲く種類。母親の懐に赤ん坊が抱かれているような形から「懐体抱子」と珍重されている。

盆梅展こぼれ話

ミニ盆梅の楽しみ方

盆梅展を鑑賞した後、多くの方々がミニ盆梅を買い求める。一輪また一輪と咲き始める様や馥郁《ふくいく》たる梅の香りを、家庭でも楽しんでいただいていることだろう。

盆梅は部屋の中で愛でるのも良いが、室温が高いと花の咲いている期間が短くなってしまう。最初から室内に入れるのではなく、日の当たる屋外で管理し、蕾が膨らんだ頃に屋内へ持ち込むのが望ましい。おすすめは、玄関の下駄箱の上あたり。花といい、香りといい、客人を迎えるのにもふさわしい。水やりは、概ね一週間に一回程度。鉢底から水が出るくらいタップリと与える。

お土産用のミニ盆梅の多くは、素焼きの鉢に植えている。これは通気性が良く、管理に適しているから。飾るときは、色の付いた化粧鉢に植え替えると、なおいっそう盆梅が引き立つ。この時期、根は活動を休んでいるので、少々根を切っても枯れることはない。

花が終わると、再び素焼きの鉢に植え替えるか、根をほぐして庭や畑などへ植え込んでも良い。翌冬は、蕾が膨らんだ頃に化粧鉢に入れて飾ると、思いのほか簡単にミニ盆梅を楽しむことができる。

ぜひとも、家庭で一足早い春を楽しんでいただきたい。

湖北の花暦

春

蓮華寺《れんげじ》の三葉躑躅《みつばつつじ》（米原市番場）

四月上旬～中旬

春、蓮華寺を訪れると、本堂をとりまく山裾が薄紫のツツジで彩られる。ツツジの仲間は多彩だ。春から初夏まで、次々といろんな種類の花が咲き続ける。なかでも、もっとも早く咲きはじめるのがミツバツツジである。

蓮華寺では、この花が咲くと、追うようにソメイヨシノが花を開く。境内を彩る薄紫と薄紅色の絵模様は見事だ。ミツバツツジは、枝先に菱形の三つ葉をつけることから名づけられたが、葉は花が終わった後に芽吹く。花の満開の頃は、庭をとりまく背後の山が薄紫の春霞でおおわれたように映える。

問い合わせ先
蓮華寺　米原市番場511
TEL 0749-54-0980

総持寺の牡丹《ぼたん》（長浜市宮司町）

四月下旬～五月上旬

総持寺のボタンは、およそ百種千株といわれ、大型連休の頃に花の見ごろを迎える。ボタンは、空海が中国から持ち帰ったと伝えられる。根の皮を薬として用いたことから、薬用として寺院で栽培されたが、江戸後期に観賞用として民衆の暮らしのなかに広がった。

総持寺は、天平年間に僧行基が創立したという真言宗豊山派の古刹である。元和五年（一六一九）に建てられた客殿の牡丹唐獅子の絵は、江戸狩野派の絵師蘭林斎常政の描いた障壁画といわれ、見事なボタンが描かれている。

問い合わせ先
総持寺　長浜市宮司町708
TEL 0749-62-2543

夏

長浜八幡宮の紫陽花《あじさい》（長浜市宮前町）
六月中旬～七月中旬

長浜八幡宮は、春の祭礼である曳山まつりで知られる。広い境内に五十種、約千株のアジサイが咲く。アジサイは梅雨の季節によく似合う。雨滴を受けて咲く藍色の花はしとやかで叙情的だ。風土に合った花である。もっとも一般的に植えられている品種は、セイヨウアジサイである。日本に自生していたガクアジサイが十八世紀末に西洋に渡って園芸用に改良され、それが明治以降に里帰りしたといわれる。長浜八幡宮では、セイヨウアジサイのほか、ガクアジサイやヤマアジサイなど、様々な色と形の花が楽しめる。

問い合わせ先
長浜八幡宮　長浜市宮前町13-55
TEL 0749-62-0481

舎那院《しゃないん》の芙蓉《ふよう》（長浜市宮前町）
八月中旬～九月上旬

舎那院は、弘法大師によって開かれたといわれる古刹である。平安時代後期に、源義家の勧請により長浜八幡宮が創建され、神宮寺の主社坊となった。明治初期の神仏分離令により、八幡宮にあったほとんどの神宮寺の坊社は廃されたが、舎那院だけは残った。

夏、境内の放生池にはスイレンの花が水面に浮かび、井戸からくみ上げられた水がほとばしる。苔むした石造りの手水鉢には清らかな水が滴り落ち、まわりにフヨウの花が群がり咲く。薄紅色や白色の花と淡い緑の葉が涼風に揺れる。軽やかな樹である。

問い合わせ先
舎那院　長浜市宮前町13-45
TEL 0749-62-3298

秋

神照寺の萩《はぎ》（長浜市新庄寺町）
九月上旬～下旬

神照寺の境内を埋めるハギは、足利尊氏と弟の直義が近江を舞台に激しく戦った後、和解したときに尊氏が植えたものといわれる。開基が寛平七年（八九五）という古刹だから、そのよ

うな伝承も納得できる。

ハギは草かんむりに秋と書く。まさに秋を代表する花である。しかしコスモスやキクのような華やかさはない。趣としては野草に近い。ハギは秋の七草のひとつに入っている。万葉人が愛した花の一つで、万葉集でもっとも多く詠まれた花である。

問い合わせ先
神照寺　長浜市新庄寺町323
TEL 0749-62-1629

孤篷庵《こほうあん》の竜胆《りんどう》（長浜市上野町）
九月中旬〜十月上旬

近江孤篷庵は、小堀遠州の没後間もなく小室藩小堀家の修禅、菩提道場として創建された。しかし、江戸後期に小室藩が改易になると、寺も衰退の一途をたどり、明治初期には無住の寺となってしまった。荒れ果てていた孤篷庵を再興したのは、定泰《じょうたい》和尚である。

あるとき、孤篷庵に定泰和尚の知人が二株のリンドウを持ってこられた。庭の片隅に植えられた株は、翌年の秋にはいくらか増えていた。そして年を経るごとに株が増えていき、枯山水庭園の苔を覆うほど青い花が埋めつくすようになったのだという。

問い合わせ先
近江孤篷庵　長浜市上野町135
TEL 0749-74-2116

冬

大通寺の馬酔木《あせび》（長浜市元浜町）
二月上旬〜四月中旬

春が待ち遠しく感じる頃、長浜の街なかにある大通寺で馬酔木展が開かれる。アセビの巨古木を鉢植えにした盆栽展である。門前の表参道で商う人たちが、長浜市の草野川上流で育てられていたアセビの鉢植えに学んで始めた催しである。

表参道商店街が大通寺の門前町としてよみがえったのは、四半世紀あまり前のこと。御坊《ごぼう》さんとして親しまれてきた大通寺のおかげで商いを続けてきた門前の人たちが、街とともにお寺の賑わいを取り戻そうと、アセビの盆栽を境内に飾った。長浜の街なか再生の端緒となる取り組みだった。

問い合わせ先
大通寺　長浜市元浜町32-9
TEL 0749-62-0054

その他の花名所

	名所	住所	見頃	問い合わせ先（市外局番0749）	
春	徳源院の道誉《どうよ》桜	米原市清滝	四月上旬	清滝寺徳源院	57-0047
	豊公園の桜	長浜市公園町	四月上旬～中旬	長浜市都市計画課	62-4111
	姉川古戦場の桜	長浜市野村町	四月上旬～中旬	長浜観光協会	65-6521
	小谷山のタムシバ	長浜市小谷上山田町	四月上旬～中旬	奥びわ湖観光協会	82-5909
	奥びわ湖の桜	長浜市西浅井町大浦	四月中旬	奥びわ湖観光協会	82-5909
	伊香具神社の八重桜	長浜市木之本町大音	四月下旬	奥びわ湖観光協会	82-5909
	素盞嗚命《すさのおのみこと》神社の藤	長浜市上野町	五月上旬～中旬	長浜観光協会	65-6521
	賤ヶ岳のシャガ	長浜市木之本町大音	四月下旬～中旬	奥びわ湖観光協会	82-5909
	豊国神社のツツジ	長浜市南呉服町	五月上旬～中旬	豊国神社	62-4838
	雨森芳洲庵のヒトツバタゴ	長浜市高月町雨森	五月上旬～下旬	雨森芳洲庵	85-5095
	三島池のキショウブ	米原市池下	五月中旬～下旬	米原観光協会	58-2227
	多田幸寺のサツキ	長浜市田村町	五月下旬～六月上旬	多田幸寺	62-1577
夏	余呉湖のアジサイ	長浜市余呉町川並	六月中旬～七月中旬	奥びわ湖観光協会	82-5909
	全長寺のアジサイ	長浜市余呉町新堂	六月中旬～七月中旬	奥びわ湖観光協会	82-5909
	伊吹山のお花畑	米原市上野	七月上旬～八月中旬	米原観光協会	58-2227
	地蔵川のバイカモ	米原市醒井	七月上旬～八月下旬	米原観光協会	58-2227
	西池の蓮	長浜市池奥町	七月下旬～八月中旬	長浜観光協会	65-6521
	奥びわスポーツの森の蓮	長浜市早崎町	七月下旬～八月中旬	奥びわスポーツの森	72-2548
	青岸寺のキキョウ	米原市米原	八月上旬～下旬	米原観光協会	58-2227
秋	孤篷庵の萩	長浜市上野町	九月上旬～下旬	近江孤篷庵	74-2116
	伊吹山麓のソバ畑	米原市伊吹山麓	九月下旬～十月上旬	米原観光協会	58-2227
	古橋の茶の木	長浜市木之本町古橋	十月下旬～十一月下旬	奥びわ湖観光協会	82-5909
冬	総持寺のカンボタン	長浜市宮司町	十一月下旬～十二月下旬	総持寺	62-2543
	大久保のセツブンソウ	米原市大久保	三月上旬～中旬	米原観光協会	58-2227

時代を飾る盆梅ポスター

第21回（昭和47年）
浜ちりめんは、長浜で生産される絹織物で、約250年の歴史を持つ伝統的な地場産品。この年、年間生産反数のピークを迎えた。

第32回（昭和58年）
小松左京著『湖畔の女』に長浜盆梅展が登場。この頃、小松左京は長浜の老舗料亭でよく鴨料理を楽しんだという。

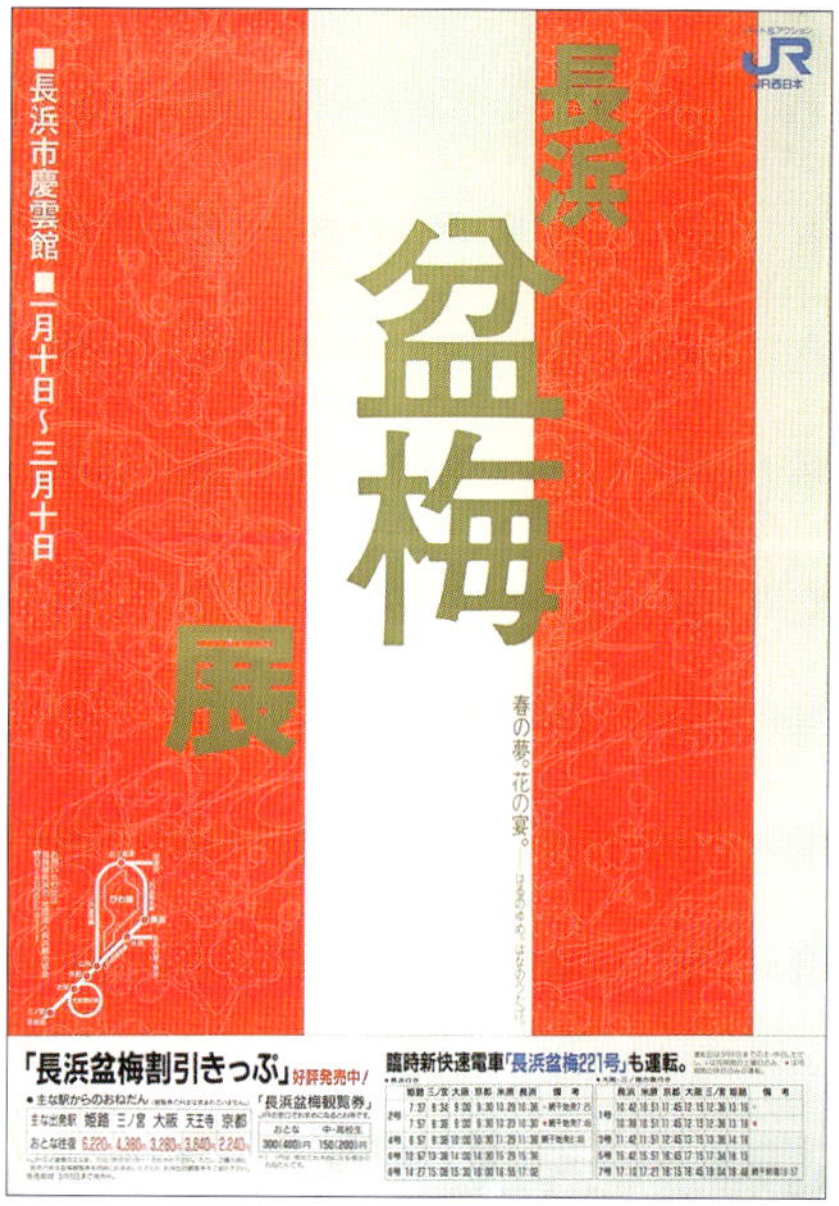

第41回（平成4年）
前年9月にＪＲ米原―長浜間が交流電化から直流に変わり、京阪神からの直通電車が運行。これを契機に、盆梅展観覧者が10万人を突破する。

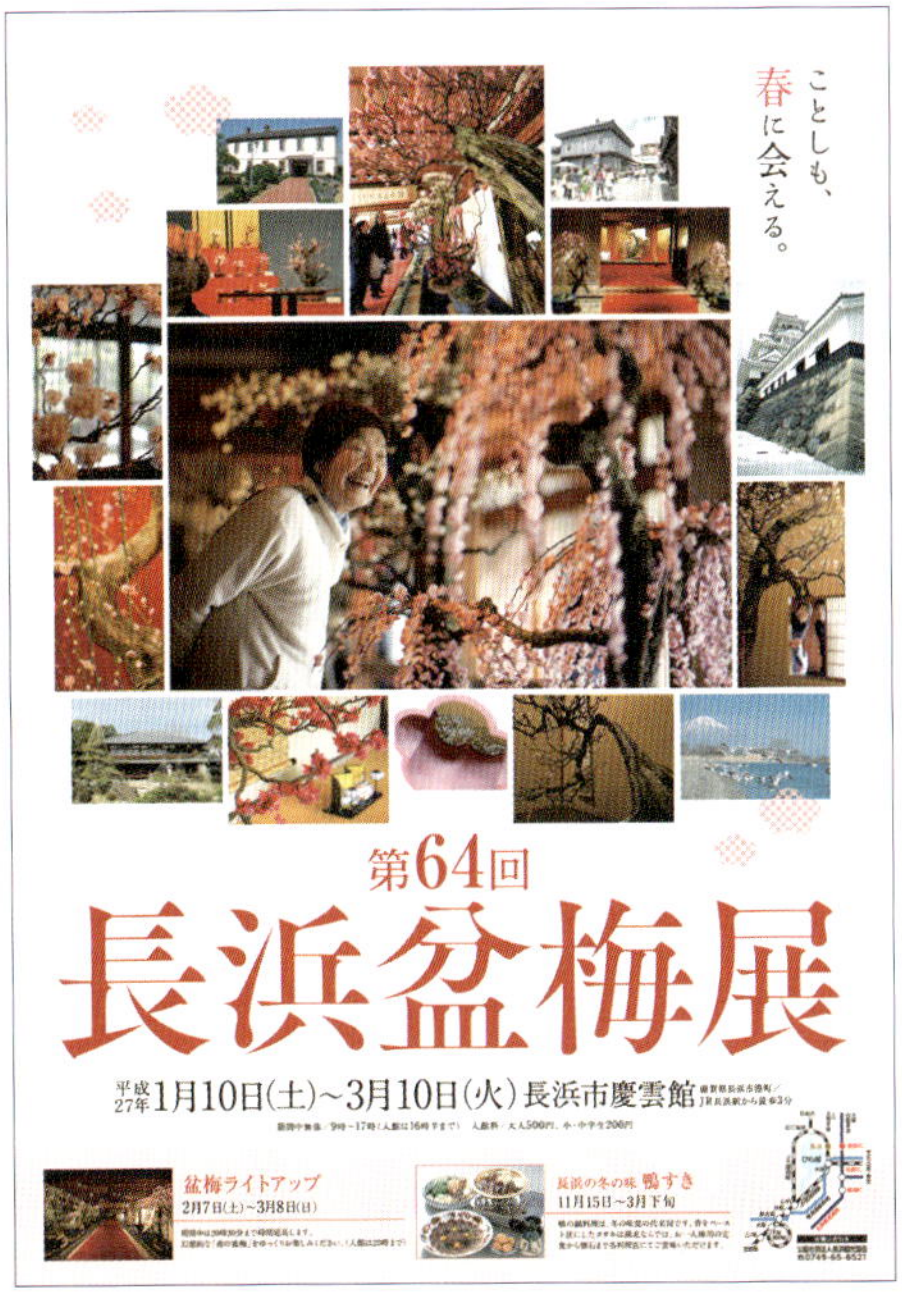

第64回（平成27年）
前年4月から慶雲館の管理運営を、当年から長浜盆梅展の開催を、長浜観光協会が行う。

第50回（平成13年）
この年から慶雲館本館と、新築された新館「梅の館」での展示が始まる。広くなった館内で、ゆったりと盆梅展を観覧できるようになる。

慶雲館と盆梅展年表

明治20年(1887)	慶雲館が完成し、天皇・皇后が2階の玉座で休息される。
明治45年(1929)	2代目浅見又蔵が行幸25周年記念として慶雲館の庭園を整備する。
昭和10年(1935)	慶雲館が明治天皇の聖蹟として国の史跡に指定される。(昭和23年解除)
昭和11年(1936)	2代目浅見又蔵が慶雲館を長浜町へ寄付し、一般公開される。
昭和26年(1951)	高山七蔵が約40鉢の盆梅を長浜市へ寄付する。
昭和27年(1952)	第1回盆梅展が慶雲館で開催される。
昭和34年(1959)	この年から慶雲館が、結婚式場としても使われる。(昭和51年廃止)
昭和44年(1969)	豊公園が埋め立てられたことにより、慶雲館西側の港が姿を消す。
昭和58年(1983)	旧長浜駅舎鉄道資料館、長浜城歴史博物館が開館する。
昭和60年(1985)	慶雲館本館の昭和の大修理が行われる。
平成4年(1992)	前年9月JR米原－長浜間が直流化。盆梅展観覧者が10万人突破。
平成10年(1998)	長浜盆梅展で初めて夜間展覧が行われる。
平成12年(2000)	慶雲館新館「梅の館」が完成する。慶雲館の表門が改修される。
平成13年(2001)	慶雲館の茶室が修復される。
平成14年(2002)	慶雲館庭園の復元的整備が始まる。
平成15年(2003)	北陸線電化記念館が完成し、旧長浜駅舎と長浜鉄道文化館を合わせ、長浜鉄道スクエアとして開館。
平成16年(2004)	慶雲館の通年一般公開が始まる。
平成18年(2006)	慶雲館が国の名勝に指定される
平成27年(2015)	長浜観光協会が主催する長浜盆梅展が始まる。

湖北の主な盆梅展

伊吹盆梅展

開催日時　一月下旬から三月上旬まで
午前八時三〇分から午後五時十五分まで

休館日　毎週月曜日、二月十二日

開催場所　伊吹薬草の里文化センター
（米原市春照37）

観覧料　無料

問い合せ先　伊吹薬草の里文化センター
TEL　0749-58-0105

昭和59年から伊吹地域の盆梅愛好家たちが丹精込めて育てた盆梅を展示したのが始まり。樹齢300年を超えるものなど約40鉢を展示している。

鴨の里盆梅展

開催日時　一月中旬から三月上旬まで
午前九時三〇分から午後五時まで
（最終入館午後四時三〇分）

開催場所　グリーンパーク山東内
すぱーく山東（米原市池下80-1）

観覧料　大人四〇〇円　中高生二〇〇円

問い合せ先　グリーンパーク山東
TEL　0749-55-3751

伊吹山を一望できる屋内運動場の「すぱーく山東」で開催。期間中、入替を行いながら、常時約120鉢の盆梅を展示している。会場では「おもと展」などを同時開催。

醒井《さめがい》水《みず》の宿駅《えき》しだれ盆梅展

開催日時　一月中旬から二月末日まで
午前一〇時から午後五時まで

休館日　毎週火曜日

開催場所　醒井水の宿駅
（米原市醒井688-10）

観覧料　無料

問い合せ先　醒井水の宿駅
TEL　0749-54-8222

醒井水の宿駅「ヒロ・ヤマガタ湧水ギャラリー」に枝垂れ梅を中心に約20鉢を展示。梅の香が漂うギャラリーで、丹精こめて育てられた「しだれ盆梅」を観賞できる。

本書に掲載したフォトコンテスト入賞作品（敬称略）

ミハイリチェンコ　マリア（大阪府大阪市中央区）『Happiness』……3ページ
前河　栄次（滋賀県彦根市）『香りに誘われて』……7ページ
北東　幸男（滋賀県東近江市）『勇壮』……9ページ
西川　嘉夫（滋賀県長浜市）『春の予感』……10ページ
田村　祐二（滋賀県近江八幡市）『降り注ぐ不老』……11ページ
納庄ツネ子（兵庫県三木市）『幸わせの余韻』……13ページ
楠山　俊英（滋賀県大津市）『豊麗』……18ページ上段
塩見　芳隆（京都府京都市南区）『華やかに』……36ページ上段
田中　朱実（滋賀県長浜市）『梅すだれ』……36ページ下段右
西　治光（京都府京都市西京区）『威風堂々』……50ページ上段
塚本　公子（滋賀県東近江市）『溢れる喜び』……カバー、51ページ下段
石丸　孝（滋賀県彦根市）『静寂なひととき』……55ページ下段

長浜盆梅展

発行日／平成27年1月10日
編集・発行／公益社団法人 長浜観光協会
〒526-8501 滋賀県長浜市八幡東町632
TEL 0749-65-6521
発売元／サンライズ出版
〒522-0004 滋賀県彦根市鳥居本町655-1
TEL 0749-22-0627

ISBN978-4-88325-553-5 C0076